마음밭에 피는 꽃

변선심 제2시집

오늘의문학사

마음밭에 피는 꽃

| 시인의 말 |

철학자 칸트나,
깨달은 선지식들은
"우리가 사는 세상은 마음의 세계다."
라고 한다.
우리는
세상 속에서 보고, 듣고, 느끼면서
마음으로 살아간다는 뜻이다.

그 마음을 알기 위해
마음공부를 시작했고
그 과정에서,
'나는 누구인가?
어디서 왔다가 어디로 가는가?'
알 수 없는 그것을
생활 속에서 시로 대신해 본다.

| 목차 |

시인의 말 • 4

제1부 깨달은 침묵의 성자

깨달은 침묵의 성자 ················· 13
낮에 뜬 반달 ······················· 14
마음밭에 피는 꽃 ··················· 15
나는 누구인가? ····················· 16
깨달음 ···························· 18
희망의 씨앗 ······················· 19
인연(因緣) ························ 20
한 생각 ··························· 22
저절로 돌아간다 ··················· 23
갈증 ····························· 24
어리석음 ·························· 25
대자유 ··························· 26
거울의 마음 ······················· 27
본래면목 ·························· 28
당신은 누구십니까? ················· 29
어느 날 문득 ······················ 30
내버려둬 ·························· 31
마음의 창 ························· 32
알 수 없어라 ······················ 34

시절 인연(時節 因緣) ········· 36
내면의 소리 ········· 37
영원한 동반자 ········· 38
임의 소식 ········· 40
독백 ········· 42
자존감 ········· 43
방랑자 ········· 44
신통방통 ········· 46
無我와 無相 ········· 47
법 아님이 없다 ········· 48
상쾌 통쾌 명쾌 ········· 49
하늘이 준 보물 ········· 50
왜 그럴까? ········· 52
생각의 함정 ········· 53
꽃이 말한다 ········· 54
삶이란 ········· 55
그때 그 자리 ········· 56

제2부 고독이 웃는다

고독이 웃는다 ······ 59
숲속 호수 ······ 60
자유인의 미소 ······ 62
허공 ······ 64
청설모의 교훈 ······ 66
천차만별의 얼굴 ······ 67
홀로 가는 길 ······ 68
행운의 클로버 ······ 69
하얀 날개 ······ 70
청정심 ······ 71
푸른 도토리 ······ 72
해와 달 ······ 73
저절로 끌리는 발길 ······ 74
찰나의 연속 ······ 75
천사의 걸음걸이 ······ 76
집착 ······ 77
천(千) 강의 달은 하나 ······ 78

첫눈	79
한마음의 조화	80
만불산 아미타불	81
좁은 돌문	82
나날이 좋은 날	83
섞여야 아름답다	84
오아시스는 어디에	85
아름다운 부부	86
손톱의 말	87
세월의 강	88
生死가 없는 자리	89
번갯불	90
삼복(三伏)더위	92
가을 엽서	93
길 위에서	94
강물은 말하지 않는다	95
어울림 한마당	96

제3부 자연이 빚어낸 보물

자연이 빚어낸 보물 ···················· 99
마지막 안녕 ···················· 100
개들의 풍경 ···················· 101
꽃 아님이 있으랴 ···················· 102
눈송이로 만들어진 하트 ···················· 103
허공에 울려 퍼진 한(恨) ···················· 104
낙엽의 자유 ···················· 105
단비 ···················· 106
동아사 길목에서 ···················· 108
행복이 풍덩 ···················· 109
바람이 웃는다 ···················· 110
후회 없는 길 ···················· 111
흐르는 시간 ···················· 112
오세암의 설화 ···················· 113
만물의 영장 ···················· 114
마음의 파도 ···················· 115
디딤돌과 걸림돌 ···················· 116

마곡사의 징검다리 ……………………… 117
가장 무서운 바이러스 ………………… 118
산이 울고 있다 …………………………… 120
들꽃처럼 …………………………………… 122
뒷산 산책로 ……………………………… 123
그렁그렁한 눈망울 ……………………… 124
능소화의 사랑 …………………………… 126
이러쿵저러쿵 …………………………… 128
꿈속에 꿈 ………………………………… 129
깜짝선물 …………………………………… 130
행복이 머무는 곳 ………………………… 132
하늘처럼 높은 우정 ……………………… 133
숨어버린 산 ……………………………… 134
솔방울 집 ………………………………… 135
사랑 바구니 ……………………………… 136
극과 극 …………………………………… 137
제일 듣기 좋은 소리 …………………… 138
황금 인생 ………………………………… 139

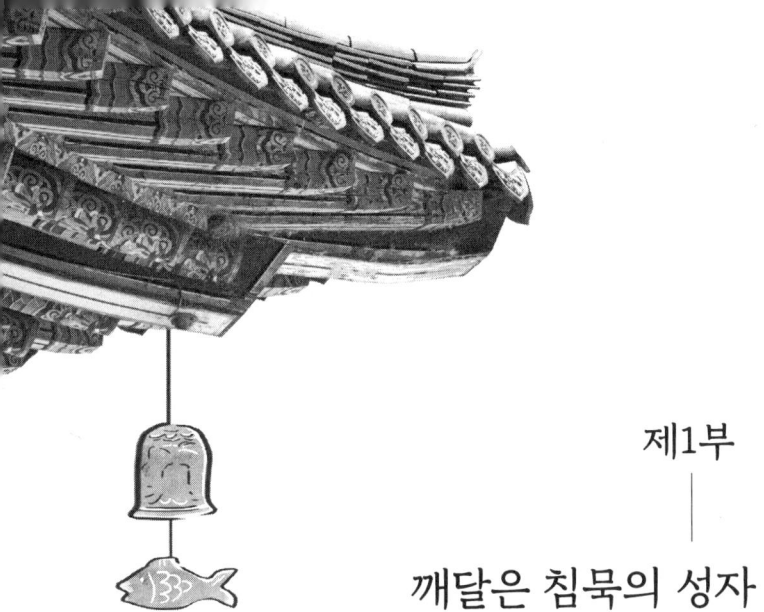

제1부

깨달은 침묵의 성자

깨달은 침묵의 성자

인도의 영적 스승인 라마나 마하라쉬(1879-1950)는
"생각을 온전히 쉬어야 견성한다."라고 한다

그는 "나는 깨달았다. 나는 영적 스승이다."
이러한 말을 자처하지 않았고
많은 제자를 원하지도, 권위를 내세우지도 않았다

그는 16세에 죽음에 대한 체험으로 깨달음을 얻고
자신의 체험과 자아 탐구법을 펼쳐서
"나는 누구인가? 어디서 왔다가 어디로 가는가?"라고 했다

그런데도 방방곡곡에서 구도자들이 모여들었고
"아쉬람"이란 거처와, 숙박 시설이 저절로 생겨나
수많은 구도자가 깨달음의 길로 향했다

그들은 그의 눈빛만으로, 내면으로 깊이 빠져들었고
침묵 속에서 마음이 하나로 통신이 되니
일체는 하나라는 진리를 밝혔다

이것은 누구나 다 본래부터 갖추어져 있기에
모두가 다 깨달을 수 있다는,
"일체중생이 다 부처다."라는 석가의 가르침과 같다.

낮에 뜬 반달

유리알처럼 맑은 하늘에 홀로 떠 있는 반달
구름 한 점 허락하지 않는 걸 보니
맑은 하늘을 지키는 수호신 같다

우리의 마음도 저 하늘처럼
티 없이 맑았으면 좋겠다 싶어
가까이 다가가서 물어보니, 침묵만 흐른다

또다시, 간절한 마음을 담아 조용히 두드리니,
그는 내리뜬 눈 살며시 걷어 올리고
내 마음을 향해 화살표 쏜다

일어났다 사라지는 모든 것은
뜬구름 같고, 그림자와 같으니,
분별심 내려놓고, 마음 안에서 찾으라 한다
생각나기 이전 자리로 돌아가라 한다

거기엔, 生滅도 없고, 오고 감도 없으니
이것이, 모두의 근본 자리이며
우리가 가지고 있는 본래면목이란다.

마음밭에 피는 꽃

우리의 마음은 허공과 같아서 실체가 없지만
우리를 이끌어 가고 있으니
보배 중의 보배여라

허공은 텅 비었기에
모든 것을 다 포용할 수 있듯이
우리의 마음도 고정됨이 없이 비었기에
만법을 들이고 낼 수 있으니 아름다워라

마음밭에 일어나는 한 생각을
잘 다스리면 웃을 수 있지만
잘못 다스리면 울어야 하니
마음밭을 잘 가꾸는 것이
아름다운 꽃을 피울 수 있음이라

일어나는 집착과 추구심,
분별심과 망상의 잡초를 뽑아내고
텅 빈 마음으로 오고 가는 것을 수용하여
걸림 없이 살아간다면
아름답고 향기로운 꽃은 저절로 피어나리라.

나는 누구인가?

몸과 마음이 나인 줄 알고
오매불망 집착하며 살아왔었네
몸과 마음이 영원할 것처럼
애지중지 여기며 살아왔었네

몸은 세월 따라 변해 가고
마음은 경계에 따라 변해 가니
내 뜻대로 할 수 없음을 깨달았네

이것을 알아차리고 지켜보는 그 무엇이 있으니
모양도 색깔도 없으며,
이름도 붙일 수 없고, 말로도 할 수 없어
선지식들,
주장자 우뚝 세우고, 손가락 높이 치켜세우네

이것은 허공과도 같고, 바다와도 같은데
허공에 떠 있는 구름이 나라고 하고
바다 위에 일렁이는 파도가 나라고 하니
괴로움은 너울너울 춤을 추었네

이것은 본래 갖추어져 있어 변함이 없고
만법을 들이고 내고 있으며 不生不滅 하니
집착과 망상 분별심만 놓아버리면
시절 인연 만나면 스스로 드러난다네.

깨달음

깨달음이 최상승의 법인 줄 알고
오매불망 찾아 헤맸네

철야 정진 뜬눈으로 밤새우고
염주 굴려 가며 염불과 백팔배 해서
업장 소멸, 수행만이 깨달음인 줄 알았네

꿈속에서 깨어나 보니
보게 하는 놈, 듣게 하는 놈, 느끼게 하는 놈
알아차려서
근본 자리와 하나 되는 것이네
이것은 생각나기 이전 자리에 있기에
말로도 할 수 없고, 가리킬 수도 없네

이것은 본래부터 갖추어져 있어
찾을 것도 없고, 깨달을 것도 없네
이것은 모든 것의 근본이며 본래 바탕이니
영원히 변치 않는 진리라 하네

이것은 누구나 다 본래부터 갖추고 있어
무엇이라 말할 수 없고 오직 모를 뿐
물을 마셔본 사람만이, 그 물맛을 알 수 있네.

희망의 씨앗

무심히 흐르는 황금 같은 시간, 그냥 보내기 아쉬워
희망의 촛대 세워 취미 생활에 불을 밝혀
모두가 한마음이 되어 즐거움과 깨달음 공유하고 싶다

눈도 귀도 코도 보이지 않는 태초의 생명에게
날고 싶은 씨앗 심었기에 하늘을 나는 새가 되었고
괴로움에 허덕이는 사람에게 희망의 씨앗 심었기에
괴로움에서 벗어나 행복을 맛보게 한다

산다는 것은, 더 나은 진화를 위해 씨앗 심는 일이고
산다는 것은, 희망의 새싹을 키우는 일이리라
세상만사 모든 일은 고정됨이 없이
조건 따라 저절로 일어날 뿐이고
인연 따라 돌고 도는 것이 우리네 인생인데
그것이 영원한 것처럼 착각하고
울며불며 야단법석이니 흐르는 세월이 눈물 흘린다

뿌리는 대로 거두는 것이 인과의 법칙이니
남의 탓할 것은 하나도 없어라.

인연(因緣)

너와 나의 만남이 인연이고, 헤어짐도 인연이다
부모님 인연, 부부 인연, 형제 인연 등
모든 일은 인연으로 연결되어 있다

일어났다 사라지는 因과 緣의 만남
조건 따라 일어났다, 인연 따라 사라지며
희로애락(喜怒哀樂)을 거듭하는 인생길

세월은 계속 흐르며 기억을 지워가지만
살아오면서 몸과 마음으로 무심코 뿌려진 씨앗은
썩지 않고 있다가 시절 인연 만나면 싹을 틔운다

보이지 않는 인연의 씨앗은
알 수 없는 너울을 쓰고 있다가
조건이 되면, 즐거움도 주고 고통도 준다

거절하면 괴로움 주고, 받아들이면 녹아나는 인연
피할 수도, 거절할 수도 없는 인연 속에
우리는 절로 저절로 살아간다

다만, 인연이란 실체가 없어 허망한 것이니
거기에 집착하지 않고 무심으로 대하면
어디에도 걸림 없는 대자유 얻으리라.

한 생각

저절로 불쑥 일어나는 한 생각,
우리를 이롭게 하기도 하고
해롭게 하기도 한다

생각은 실체가 없어서 허망한 것인데
거기에 집착해서 분별심 일으켜
울기도 하고 웃기도 한다

지나가 버린 과거를 끌고 와
고통을 불러오기도 하고
오지 않는 미래를 건너뛰어
망상을 피운다

오직,
지금 목전 앞에 놓인 이 순간만이
존재할 뿐이고, 순간 또한 사라질 것인데
무엇에 연연한단 말인가?

그러니
생각은, 머물 것도 붙잡을 것도 없는
허망한 것을 알아차려
거기에 집착하지 않는다면 자유인이 되리라.

저절로 돌아간다

세상만사 모두가 저절로 돌아가는데
생각과 분별심으로 가로막아 고통을 받는다

태양과 달은 빛을 발하려 하지 않아도
구름과 비만 사라지면 저절로 비치고
우리는,
늙고 싶지 않아도 저절로 늙어가고
죽고 싶지 않아도 저절로 죽어간다

얻으려는 마음 끌어안고
아무리 애를 써도 고통만 더할 뿐
집착만 내려놓으면 평화는 찾아온다

이렇게 모든 일은
저절로 일어났다, 저절로 사라지는데
왜 생각의 틀에서
벗어나지 못하고, 분별심에 놀아나는가?

깨달음 또한 얻으려고
참선 삼매, 철야 정진 발버둥 치지 않아도
망상만 놓아버리면 저절로 드러날 것을….

갈증

마음의 갈증은 오늘도 가슴 속에서 일렁인다
무엇인가 알아야만 할 것 같은 궁금함,
무엇인가 있을 것만 같은 허전함

이렇게 깨달음은 목이 타들어 가는데
모양도 없고, 색깔도 없으며, 냄새도 없으니
아리송한 마음 안개 속에서 헤맨다

보고 듣고 느끼기 이전 자리에 道가 있다는데
생각과 분별심이 가로막고 있으니
귀신 방귀 씨처럼 흘러가 버린다

본래 마음, 텅 빈 공 한 곳에 도가 있다는데
말로 할 수 없고, 글자로 표현할 수 없으니,
오직 모를 뿐, 손가락 하나 우뚝 솟네

그 손가락 세운 뜻을 깨닫기만 하면
천지의 비밀이 스르르 벗겨지고
마음에 갈증이 스스로 해결된다네.

* 유마경을 보고 나서

어리석음

저절로 일어나는 한 생각은
꼬리에 꼬리를 매달고
가지에 가지를 엮어서 울타리 만들어 놓고
그 속에 푹 빠져 허덕이네

일어나는 한 생각은 뜬구름 같아서
잠시 머물다 사라지는데
영원한 것처럼 착각하고 집착을 하니
그 한 생각, 오지도 가지도 못하고
괴로움을 눈덩이처럼 부풀리네

일어나는 것은 반드시 사라지고
왔던 것은 반드시 되돌아가는데
세상 이치 알지 못해 스스로 괴롬 받네

오고 감에 걸림 없이
어디에도 매이지 않고
흐르는 물처럼, 떠도는 구름처럼
자유인으로 살아보세.

대자유

아침이면 저절로 눈을 뜨게 하고
화장실에 가서 저절로 시원하게 똥오줌을 누게 하고
저절로 얼굴을 씻게 하고, 저절로 밥을 먹게 하니
그 누가 있어 이 몸이 저절로 돌아가는가

과거를 뒤돌아보아도 저절로 살아왔고
현재를 살펴보아도 저절로 살아가고 있으니
미래에도 저절로 살아가리라
생각지 않아도 저절로 보게 하고, 저절로 듣게 하고
저절로 느끼게 하니 배꼽이 저절로 웃는다

과거에는 내가 잘나서 살아온 줄 알았고
모든 것은 내가 한 줄 알았는데
조건 따라 일어날 뿐이고
인연 따라 저절로 일어났다, 저절로 사라지는데
생각으로 허상을 붙들고 괴로워했다

모든 것은 내가 하는 것이 아니라
저절로 된다는 걸 깨닫고 나니
생각으로 이러쿵저러쿵 걱정할 일 없고
좋다 나쁘다 분별로 시비할 일 없으니
좋을시고, 좋을시고 걸림 없는 자유로움이여.

거울의 마음

마음이 텅 비어 있는 거울의 얼굴
찾아드는 모두를 마다하지 아니하고
민낯으로 손님을 맞이한다
둥그런 얼굴, 세모난 얼굴, 네모난 얼굴
등 돌리지 아니하고 그대로를 받아들인다

하늘이 구름을 마다하지 않듯이
바다가 파도를 싫어하지 않듯이
분별하지 않고 있는 그대로를 받아들인다

어느 것 하나 더하지도 빼지도 않아
철두철미한 잣대를 들이대는 최고의 양심가며
시시때때로 다가서는 만물 만상을
있는 그대로를 그려내는 최고의 화가다

오는 인연 마다하지 아니하고
가는 인연 가로막지 아니하며
어디에도 매이지 말고
텅 빈 마음으로 살라며
대자유인의 면모를 보여준다.

본래면목

내 안에 참나가 있다기에
눈을 굴려 가며 찾아봐도 알 수 없다
너와 내가 둘이 아니라지만
알 수 없는 마음은 가슴만 태운다

볼 수도 없고, 들을 수도 없고, 느낄 수도 없는
몸도 마음도 아닌, 그 무엇이 나라고 하기에
마음의 문을 활짝 열어놓고 물어본다
왜 내가 부처라고 했지
왜 내가 창조주라고 했지
왜 내가 우주의 중심이고 전체라고 했지

궁금증은 날개를 달고 날아다니지만
눈이 눈을 볼 수 없듯이
내가 나를 볼 수 없으니
가장 가까이 있기에 알아차리지 못한다
볼 수 있고, 들을 수 있고, 느낄 수 있는
그것이 창조주이며, 본래면목이었던 것을….

당신은 누구십니까?

아침이면 살며시 다가와 눈꺼풀 올려주고
하루를 안겨주는 당신은 누구십니까?
너와 내가 둘이 아니라며
둥글게 둥글게 살다 가라는 당신은 누구십니까
오는 인연 맞이하고 가는 인연 보내라며
인연 따라 살라는 당신은 누구십니까
구름에 달 가듯이 시냇가에 물이 흐르듯이
걸림 없이 살라는 당신은 누구십니까
눈물이 흐르면 흐르는 대로
웃음이 나오면 나오는 대로
분별없이 살라는 당신은 누구십니까

세상에 하나밖에 없는 당신
우주와도 하나가 된 당신
일체가 하나라는 당신
모양도, 색깔도, 이름도 붙일 수 없는…
말로도 할 수 없는 당신은 누구십니까?

어느 날 문득

나는 또 하나의 나와 마주보며 산다
나는 그였다가 그는 나였다가
쌍둥이 아닌, 하나로 살아간다
내가 허공이면 그는 구름이 되고
내가 바다이면 그는 파도가 된다

천차만별의 그림을 그렸다가 지워가며
희로애락(喜怒哀樂) 속에서 살아간다
그는 내가 없으면 살아갈 수 없고
나는 그가 없으면 존재할 수 없다
하나이면서 둘이고, 둘이면서도 하나인 우리는
찰떡궁합처럼 서로에 의지하며 살아간다

어느 날 문득,
애지중지 여겼던 또 하나의 나는
망상과 집착, 분별심을 껴안고
에고라는 이름으로 사라졌다

홀연히 꿈속에서 깨어난 나는
본래부터 모든 것이 갖추어 있었고
만법을 들이고 내고 있었으며
생멸이 없는 의식이 있다는 걸 알아차렸다.

내버려둬

보면 보는 대로, 들으면 듣는 대로
집착이 생기고
집착이 생기면 욕망이 생긴다
욕망을 채우지 못하면 고통이 생기고
고통이 생기면 불안이 생긴다
불안이 생기면 뿌리 없는 나무처럼
흔들흔들하다가 무너지고 만다

두어라
되면 되는대로, 안 되면 안 되는 대로
분별심을 버리고 내버려둬 버리면
집착도 고통도 사라질 것을,
왜 생각을 붙들고 씨름하는가?
생각은 실체가 없어 허망한 것이다

마음을 텅 비우고 생각을 쉬고
내버려둬 버리면, 절로 저절로 흘러가리라.

마음의 창

마음에는 보이지 않는 또 하나의 창이 있다
남녀노소 누구에게나 있지만 알지 못할 뿐이다
차창 넘어 풍경은 쉽게 볼 수 있지만
마음의 창은 눈에 보이지 않으니 알지 못한다
일어나는 생각, 느낌 감정들이 일어나지만
그것이 어디에서 일어나는지 알아차리지 못한다

창밖의 풍경은 지나가면 사라지지만
마음 창에 비친 것은 꼬리에 꼬리를 물고 늘어진다
쓸데없는 생각, 일어나는 감정에 속아서
웃고 울며 끄달린다

왜 그럴까?
그것 또한 무상해서 잡을 것이 없는데
나라는 착각이 붙어서 괴로움을 받는다

그것 또한 창문에 스치는 그림 같아서
무상하다는 것을 깨닫는다면 마음은 텅 비워져
근심 걱정 또한 사라진다

일어나는 현상은 물거품 같고, 뜬구름 같아서
붙잡을 수 없다는 것을
알아차리는 본래 자리는 변하지 않는다.

알 수 없어라

모양도 없는 것이, 색깔도 없는 것이
크기도 없는 것이
만법을 들이고 내고 있으니 알 수 없어라

볼 수도 없고, 만질 수도 없는 것이
작다고 생각하면 좁쌀과도 같고
크다고 생각하면 허공과도 같으니 알 수 없어라

있는 것 같으면서도 없고
없는 것 같으면서도 있는,
신기루 같으니 알 수 없어라

바다처럼 변치 않는 본래 자리 머물면서
파도처럼 일어났다 사라지며
춤을 추니 알 수 없어라

한 생각이 전체를 움직이고
전체가 한 생각으로 돌아가는데
한 생각이 일어나기 이전에는 무엇이란 말이냐

모든 생명의 근원인 마음은 허공과 같아
알 수 없어라, 알 수 없어라
본래 자리는 알 수 없어라.

시절 인연(時節 因緣)

세상만사 모두가 시절 인연에 의해서 돌아가는데
어리석은 사람은 내 마음대로 안 된다고 투덜댄다

봄이 아무리 좋다고 불러 봐도 때가 되어야 찾아오고
꽃이 예뻐서 보고 싶어도 시간이 지나야 피는 법이니
세상만사 모두가 시절 인연에 의해 돌아간다

갖고 싶은 것 아무리 가지려 애써도
시절 인연이 안 되면 얻을 수 없고
숱한 노력 쏟아부어도
시절 인연이 안되면 열매를 맺지 못한다

원하는 마음 내려놓고
주어진 일에 최선을 다하되
결과에 매이지 않는다면
시절 인연이 도래되면 저절로 이루어지리라

이루려는 마음마저도 놓아버리고
좋다 나쁘다 양면 다 놓아버리고
마음을 푹 쉬다 보면
걸림 없는 대자유를 누리리라.

내면의 소리

모든 생각을 내려놓고 조용히 쉬려는데
침묵 속에 들리는 내면의 소리

궁금증을 다독여가며
가만가만 소리 없이 다가가
귀 없는 귀를 기울여 본다

무엇을 말하려는지
무엇을 뜻하려는지
무엇을 가리키려는지

침묵 속에 일어난 소리 없는 그 한마디
"無念 속에 깨어있어라."

추구심은 불행의 씨앗이란다
되면 좋고 안되면 그만이란다
알아차리면 그만이란다
분별심과 생각은 깨달음의 적이란다
마음을 텅텅 비우고 쉬며 가란다.

영원한 동반자

하나이면서 둘이고, 둘이면서도 하나인 우리는
영원히 뗄 수 없는 동반자였구나!

너무 가까이 있어서 알아차리지 못했고
참나가 있을 거라는 이름에 속아
시간을 붙들고 헤매었기에 알 수 없었구나!

눈이 눈을 볼 수 없듯이 내가 나를 볼 수 없기에
분별과 망상 속에서 헤매었으니 애달프구나!

세수하다 코 만지기보다 쉽고
마음 한 번 돌이키면 알 수 있는데도
오랜 습기로 길들어진 생각 때문에
이리저리 헤맸으니
시절 인연 원망한들 무슨 소용 있겠느냐?

지금, 이 순간 항상 변하지 않고
언제나 함께한 영원한 나의 동반자여

바다가 있으므로 파도가 일어나듯
허공이 있으므로 만법이 들고나듯
이것이 있으므로 저것이 있는데
무어라 이름 붙일 수 없고
무어라 말로 할 수 없어서

주장자를 우뚝 세우고
죽비로 내리치며
손가락 치켜들었던 것을….

임의 소식

수많은 시간을 부둥켜안고
나는 누구인가, 무엇이 나인가
허공 위에 물음표 하나 던져 놓고
가뭄에 목말라하는 나무처럼
애타게 찾아 헤매었던 지난날들

어느 날 홀연히
보게 하는 놈, 듣게 하는 놈, 느끼게 하는 놈
일거수일투족 하게 하는 놈이 나라고,
생각하기 이전 자리, 분별하기 이전 자리라고
고개를 쏙 내밀고 나오네

내 마음 가는 곳에 내가 있으니
일체가 다, 나 아님이 없어
나는 개체면서 전체라 하네

봄, 여름, 가을, 겨울이 스스로 왔다가
스스로 사라지듯이 일어나는 일체 현상은
조건 따라 일어났다, 인연 따라 저절로 사라지니
시비분별 말고 집착 없이 살라 하네

이제라도 텅 빈 마음으로 어디에도 매이지 않고
인연 따라 절로 저절로 살아가리라.

독백

내 마음 깊은 곳에 참나가 있다기에
눈을 휘둥글리며 찾아보아도
있다가도 없고,
없다가도 있는 것만 같은 아리송한

볼 수도 없고, 들을 수도 없고, 만질 수도 없는
없는 것 같으면서도 있고,
있는 것 같으면서도 없는 아리송한

무시 겁 내로 나를 이끌어 왔고
현재에도 나를 이끌어 가고
미래에도 나를 이끌어 갈,
일거수일투족을 다 하고 있는, 알 수 없는 이것

찾으려 하지 말고, 안 찾으려고도 하지 말고
있다고 생각지도 말고, 없다고 생각지도 말고
모든 집착 내려놓고 분별심 내려놓아
텅 빈 마음으로 물 흐르듯이 살다 보면
시절 인연 도래되어 저절로 드러나리라.

자존감

내가 존재하는 이 자리
보고 듣고 느끼는 이 자리
모든 것이 일어났다 사라지는 이 자리
생각 일어나기 이전 자리

아무리 주위가 시끄러워도
아무리 고통이 엄습해도
아무리 기쁨이 넘실거려도
변하지 않는 이 자리

지금, 여기 현재 눈앞에 자리
내가 살아있다는 앎의 자리
그것이 깨어있는 자리이고
깨달음의 자리다

누가 뭐래도 모두가 깨달아 있다
모든 것을 느낄 수 있는 의식은
우주와 하나 되어 알아차리고 있으니까.

방랑자

나는 누구일까?
어디서 왔다가 어디로 가는 것일까?
수많은 생명 중에 왜 사람으로 태어났을까?
뭉치고 뭉쳐진 의심덩이 풀기 위해
오늘도 길 없는 길을 헤맨다

몸이 나인 줄 알고
오매불망 애지중지 여겨왔건만
몸을 내 마음대로 할 수 없어
늙고 병들고 죽어가니 내가 아니고
마음이 나인 줄 알고 이리저리 다스려 왔건만
시시때때로 변해 가니 내가 아니다

몸과 마음이 내가 아니라면
나는 도대체 무엇이란 말인가?

보게 하고, 듣게 하고, 느끼게 하면서
모양도 색깔도 냄새도 없으니
도대체 무엇으로 나를 찾는단 말인가?

生滅 없는 그 무엇이 분명히 있다는데
대상으로 찾을 수 없으니
오늘도 방랑자 되어 길 없는 길을 걸어간다.

신통방통

모양도 색깔도 냄새도 없는 것이
만법을 들이고 내고 있으니 신통방통하여라

있는 것 같으면서도 없고,
없는 것 같으면서도 있는 것이
모든 것을 다 비추고 있으니 신통방통하여라

꽉 차 있는 것 같으면서도, 텅 비어 있는 것이
우리의 근본 자리이니 신통방통하여라

이것이 있으므로 저것이 있고
저것이 있으므로 이것이 있어,
서로 하나 되어 인연 줄로 이어가니
알 수 없어 신통방통하여라

신통방통한 이것은 모든 생명이 갖고 있으니
알다가도 모를 우리 모두의 마음이어라
마음은 허공과 같아서 변함없이
항상 존재하고 있으니 신통방통하여라.

無我와 無相

내가 무아임을 알아차리니
내세울 것도 없고, 집착할 것도 없으니
있는 그대로 자유로워라
내가 없는데 무엇이 있어
근심 걱정, 한단 말인가?
추구심과 분별심이 사라지니
어디에도 걸림 없어 자유로워라

무상을 깨닫고 나니
세상만사 그대로 하나이어라
보는 것, 듣는 것 모두가 허망한 것이니
어느 것에 집착하겠는가
보면 보는 대로, 들으면 듣는 대로 사라지니
오고 감에 걸림 없어 자유로워라

무아와 무상을 깨닫고 나니
대자유가 여기 있었네.

법 아님이 없다

아상(我相) 훌훌 벗어던지면
괴로움도 내가 아니고
기쁨도 내가 아니고
느낌도 내가 아니어서
걸릴 것이 하나도 없네

모든 것은 조건 따라 일어나고
인연 따라 일어났다가
인연 따라 사라지는데
네가 한다는 착각 속에 빠져
스스로가 괴로움 받네

애초부터 '나'는 없었는데
무엇을 내세워 '나'라 했단 말인가
분별심도 생각도 다 법이어서
세상에 법 아님이 없네

모든 것을 본래 자리에 맡겨 버리고
'나'라는 아만을 훌훌 벗어버리고
걸림 없이, 홀가분하게
자유롭게 살아보세.

상쾌 통쾌 명쾌

세상에서 가장 쉽고
세상에서 누구나가 다 갖고 있으며
세상에서 가장 가까이 있는데
생각에 속고 분별심에 속아서
헤매며 살아왔네

스스로 갖추어져 있고, 태초부터 있는데
더 높은 곳에, 더 숭고한 가르침에
그 귀한 보물이 있다는 착각 속에서 살아왔네

저절로 볼 수 있고
저절로 들을 수 있으며
저절로 느낄 수 있었으니

이것이 생각나기 이전 자리요
이것이 본래면목이며
이것이 나의 본 성품이었네

이제야 마음의 눈 뜨고 보니
상쾌 통쾌 명쾌하네.

하늘이 준 보물

남녀노소 가리지 않고 평등하게 나누어준 보물 하나
태초에 태어날 때부터 부여받은 보물이 있다

그런데 그를 어떻게 쓰느냐에 따라서
그 값어치는 하늘과 땅 차이다
하루에 부여받은 시간은 스물네 시간이라지만
평생을 계산하면 얼마나 많은 시간일까?

그러한 그를
금싸라기처럼 아껴 쓰는 사람이 있는가 하면
하수도 물처럼 흘려보내는 사람도 있다

사람들은 천년만년 살고 싶어 한다
십 년을 살아도
백 년을 사는 것처럼 값지게 사는 사람도 있고
백 년을 살아도
십 년도 못사는 것처럼 허송세월 보내는 사람도 있다

시간은 묘한 비밀을 품고 있어
어떻게 쓰느냐에 따라서
길게도 짧게도 조정하며 약을 주고 병도 준다

하늘은 똑같은 보물을 평등하게 나누어주고
어떻게 다루고 있는지 지켜보는 파수꾼 되어
잣대를 들이대기도 하고 저울질하기도 한다

인생을 낭비한 죄, 범하지 않으리라.

왜 그럴까?

우리들의 얼굴이 왜 천차만별로 나타날까?
우리들의 마음이 왜 천차만별로 벌어질까?
우리들의 행동이 왜 천차만별로 달라질까?
어느 것 하나 똑같을 수 없고
각각 다르게 나타나니 왜 그럴까?

모든 생명체는 胎生, 卵生, 濕生, 化 生의
네 가지로 태어나니, 살아온 습관이 다르고
살아온 업이 다르니, 천차만별로 벌어질 수밖에 없다

이것은 연기법에 따라서 인연이라는 끈으로 얽혀
생멸을 거듭하며 윤회하니, 고정됨 없이 변화를 몰고 온다
인연은 실체가 없어, 저절로 일어났다 저절로 사라지니
거기에 집착하지 않고 분별하지 않으면 고통은 없다

이러한 이치 깨닫고 나면
세상만사 그대로 허망한 것이니
시비할 일 없고, 구하는 마음 사라져서
마음이 쉬어져 세상만사 그대로 평화로워진다
이것이 깨달은 자의 삶이다.

생각의 함정

저절로 불쑥 일어나는 한 생각,
우리를 이롭게 하기도 하고
해롭게 하기도 한다

생각은 실체가 없어서 허망한 것인데
거기에 집착하고 분별심 일으켜
울며불며 야단법석이다

지나가 버린 추억 끌고 와
고통을 불러오기도 하고
오지 않는 미래를 건너뛰어 망상을 피운다

오직, 지금 목전 앞에 놓인 이 순간만이
존재할 뿐이고 순간 또한 사라질 것인데
어리석음은 또 하나의 고통 만든다

그러니, 생각은 머물 것도 붙잡을 것도 없는
허망한 것을 알아차려
거기에 집착하지 않는다면 자유로워지리라.

꽃이 말한다

연분홍 웃음을 흩날리다 사라진 자리에
연초록 웃음이 찾아왔다
그도 싱글벙글 웃으며 바람을 등에 업고 춤춘다

시간이 흐르면 초록은 단풍으로 변할 것이고
시간이 흐르면 단풍은 낙엽 되어 떨어질 것이다

봄 여름 가을 겨울이 저절로 오고 가듯이
모든 현상은 시간의 흐름에 따라
저절로 오가며 변화를 몰고 온다

하지만,
진달래가 피었던 본래 자리는 변하지 않는다
우리의 본래면목도 그와 같아서
알아차리는 근본 자리는 변하지 않는다

꽃이 피었다 지는 자리에서 모든 것이 변해 가듯이
우리의 근본 자리에서 희로애락(喜怒哀樂)이 오고 가며
변화를 몰고 오지만, 근본 자리는 변하지 않는다.

삶이란

인연 따라 일어났다
인연 따라 사라지는 것이
우리들의 삶인데,
분별심으로 망상을 피우며
왜 거기에 시비를 걸고
이러쿵저러쿵한단 말인가?

생각은 실체가 없어서 허망한 것인데
분별과 착각을 일으켜 괴로움 받네
집착을 놓아버리고
텅 빈 마음으로 지켜보면
저절로 왔다가 저절로 사라질 것을,

'나'라는 실체가 없는데
그림자를 붙들고 놀아나니
흐르는 시간이 눈을 부릅뜨고
안타깝다고 호통을 치고 사라지네.

그때 그 자리

지난날 추억이 새겨진 그때 그 자리
시간은 변화의 너울 쓰고 춤을 추지만
그때 그 자리는 허공처럼 변하지 않고
오는 사람 오라 하고, 가는 사람 가라 하며
묵묵히 본래 자리 지키고 있다

누구에게는 즐거움이 넘실대고
누구에게는 서러움에 울먹여도
그 자리는 침묵 속에서
묵묵히 시간을 흘려 버린다

떠나가 버린 옛정이 그리울 때면
그때 그 자리에 발 올려놓고
추억을 더듬으며, 못다 한 정 감싸 안지만
세월은 잊으라고, 잊어버리라고 등 토닥여 준다

하늘에 구름 가듯, 허공에 바람 가듯
모든 형상은 허망한 것이니
어디에도 걸림 없이 살아가라 한다.

* 떠나버린 언니를 그리워하며

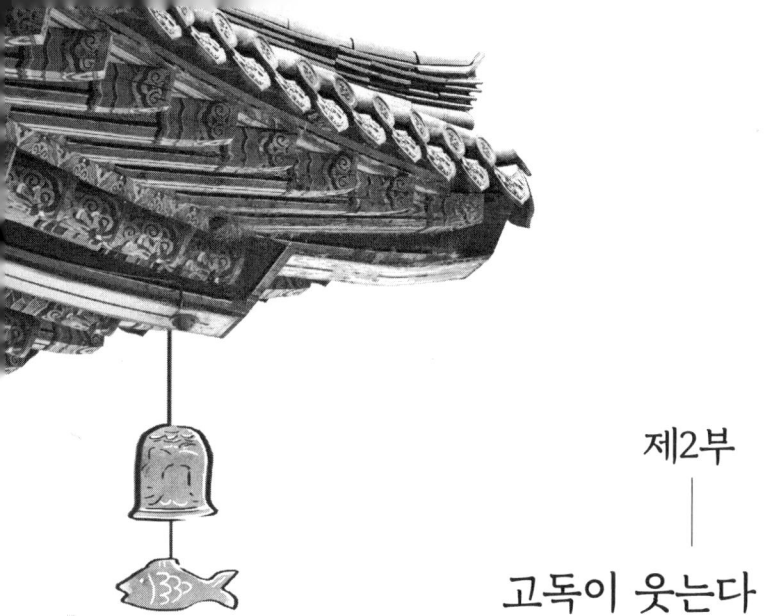

제2부

고독이 웃는다

고독이 웃는다

우리는 홀로 태어났다가 홀로 떠나간다
고독이 동행하자며 엉덩이 들이댄다

수많은 사람 속에서 살아가야 하기에
수많은 생각이 들고 나며 고독을 몰고 온다

나만이 걸어가야 할 길이 주어져 있기에
너와 내가 하나 될 수 없다며 고독이 토라진다

원하는 일이 많아서 바쁘게 살아가야 하기에
만족은 멀리서 손 흔들며 고독을 불러들인다

내가 잘났다고 우쭐대며 남과 비교하기에
세상에서 제일 어리석은 일이라고 고독이 회초리를 든다

태초에 태어날 때 고독이 동행했고
최후에 떠날 때도 고독이 함께 가는데
뉘라서 오는 인연 가로막고
뉘라서 가는 인연 가로막을 수 있단 말인가?

오는 대로 수용하고 걸림 없이 살아가면
무서운 우울증도 멀리 사라진다며
고독이 하하하 웃는다.

* 우울증으로 사고를 친 여교사를 생각하며

숲속 호수

깊은 숲속에 달덩이처럼 둥그런 몸으로 태어난 호수
맑은 가슴 열어서 산짐승들의 생명수 만들어 주고
제 모습 볼 수 없다고 아우성치는 나무에는
숲을 이루는 장한 모습 보여주는 거울이 된다

산새들이 나뭇가지에 찾아와 정담을 주고받으면
살며시 다가가 재잘대는 모습 비춰주어 흥을 돋워주고
바람이 다가와 그의 얼굴 할퀴고 흔들며 심술부려도
우리는 하나라고 속삭이며 일렁일렁 춤을 춘다

산이 좋아 숲속에 둥그런 집 만들어 놓고
생명수 품어내는 해맑은 거울이 된다

날씨가 맑으면 환하게 웃음 짓고
날씨가 흐리면 배시시 미소 짓고
비가 와도 눈이 와도 바람이 불어도
오는 인연 받아들이고 가는 인연 붙잡지 않으며
시비하지 않고 바람처럼 어디에도 걸리지 않는다

빗물이 흘러넘쳐 얼굴이 흐려져도
일어나는 현상을 탓하지 아니하고 수용하며
아래로 더 낮은 곳으로 마음을 내려놓아
있는 그대로를 비춰주는 보살행을 한다.

자유인의 미소

하늘에 뭉게구름 한 점 유유히 흐른다
동에서 바람이 불면 서쪽으로
북에서 바람이 불면 남쪽으로
바람이 부는 대로 무심히 흐른다

가다가 산등성이에 머무르면
잠시 쉬어가기도 하고
시냇가를 스쳐 지나갈 때면
흐르는 시냇물에 얼굴을 내밀고
도란도란 얘기도 나누며 세상 이야기 들려준다

태어남과 사라짐에 걸림이 없고
떠도는 것도 마다하지 않으며
어떠한 상황에서도 흔들리지 않는 마음으로
자유자재할 수 있는 너는
대자유의 멋을 풍기는구나!

나도 걸림 없이 사는 너를 닮아
세상만사 모든 번뇌 망상에 끄다리지 않고
모든 집착, 분별심, 알음알이 내려놓으며
형상 없는 그것 하나 깨달아
순리대로 살아가면
어디에도 걸림 없는 대자유인이 되리라.

허공

허공은 가까이 있다고 생각하면 코 앞이고
멀리 있다고 생각하면 끝이 보이지 않는다
가까이도 멀리도 아닌 그대의 가슴은 넓기만 하여라

있는 것 같으면서도 없고
없는 것 같으면서도 있는 그대
그러면서도 만법을 포용하고 있으니 알 수 없어라

오면 오는 대로, 가면 가는 대로 간섭하지 않으며
어디에도 걸리지 않는 자유로운 그대
오고 감에 걸림 없는 그대의 마음은 알 수 없어라

모든 것의 근원이 거기에 있고
태어남도 죽음도 없는 그대
말로도 글자로도 표현할 수 없어라

그대가 바탕이 되어 만법을 들이고 낼 수 있으며
모든 것이 존재할 수 있고, 변화할 수 있으니
세상에서 가장 소중한 보물이어라

그대는 우리의 마음 같아서, 모양도 색깔도 없지만
스스로 존재하며 묵묵히 본래 자리 지키고 있으니
우리들의 본래면목이어라, 만법의 근원이어라.

청설모의 교훈

산책길에 누군가 내 발길을 부여잡는다
깜짝 놀라 살펴보니, 번개처럼 움직이는 청설모

땅 위보다는 나뭇가지에서 생활하는 그가
웬일로 지상에 내려와 소나무 밑동을 돌며
나에게 까꿍, 까꿍 재롱을 떨까?

귀여움에 사로잡혀 살금살금 다가서니
잽싸게 나무 위로 올라가 버린다
귀한 보물 놓쳐버린 안타까움에 멍하니 위로 올려다보니
재빠르게 나뭇가지 넘나들며 숨바꼭질하잖다

한참 동안 서성이다가 아쉬움에 카메라에 담아보려고
눈을 휘둥글리며 찾아보아도 바람처럼 사라져 버린다
귀한 보물 잃어버린 듯한 아쉬움에 서성이는데
바람 타고 들려오는 훈시 같은 목소리

"모든 것은 때가 있는 법, 시간은 머물지 않고 흐르는데
왜 그 자리에 집착하는가?"

그는 산책길에 깨달음을 주기 위해
잠시 나타났다가 사라진 자연의 스승이다.

천차만별의 얼굴

우리가 사람을 만날 때는
얼굴을 먼저 대한다
얼굴을 먼저 대한다는 것은
그 사람의 마음을 보는 것이다

세상에는 천차만별의 사람이 있듯이
세상에는 천차만별의 얼굴이 있다
얼굴이 천차만별이듯이
마음 또한 천차만별이다

얼굴이 잘생기고 못생기고를 떠나서
표정이 둥글고 모나는지가 중요하다
얼굴은 못났지만 포근한 표정이 있고
얼굴은 잘났지만 냉기가 흐르는 표정도 있다

얼굴을 가꾼다는 것은 마음을 가꾸는 일이고
마음을 가꾼다는 것은 상대를 배려하는 일이다
세상에서 제일 예쁜 얼굴은
마음에서 풍기는 사랑의 향기더라.

홀로 가는 길

등산길에 외롭게 서 있는 소나무 하나
산불에 의해 몸이 까맣게 그을렸지만
아무 일 없었다는 듯 묵묵히 서 있다

비가 오면 오는 대로, 바람이 불면 부는 대로
태양이 찾아와도, 구름이 찾아와도
오면 오는 대로, 가면 가는 대로
판단하거나 분별하지 않으며
걸림 없이 자유롭게 살아간다

산새들이 찾아와 재잘거려도 미소만 지을 뿐
간섭하거나 밀어내지도 않는다
다만,
하늘 향해 설 수 있고
땅속에 뿌리를 내리고 살 수 있어 감사할 뿐이란다

'나'라는 상을 버렸기에 모든 일에 무심할 수 있고
무심으로 살아가기에 자유로워라.

행운의 클로버

세 개의 잎만이 널려있는 잔디밭에
네 개의 잎을 가진 행운의 클로버
평범을 넘어선 비범의 탄생
네 개의 날개를 반짝이며
의기양양하게 웃고 있다

누군가가 만들어 낸 것도 아니고
누군가가 덧붙인 것도 아니며
인연 따라 저절로 태어난 것인데
왜 신비한 시선들이 모여들까

태어남도 사라짐도 누가 있어 하는 게 아니고
인연 따라 저절로 태어났다 사라지는데
바라보는 분별심과 생각이 모든 것을 만들어 놓고
좋다 나쁘다 하며 놀아나네

생각과 분별심만 놓아버리고
있는 그대로를 바라본다면
평정심은 저절로 드러나리라.

하얀 날개

하늘은 땅을 향해 또 하나의 선물을 내려주네
하얀 날개 펄럭이며 내려앉은 눈송이들
은빛 광채를 품어내며, 지붕 위에도 나무 위에도
오솔길 위에도 하얗게, 하얗게 물들여가네

산책로에는 하얀 비단포를 깔아 놓은 듯
끝없이 길게 이어지는 눈길
사박사박 걸어가는 발자국마다
뽀드득뽀드득 웃음 흘리며 춤을 추네

쪼르르 미끄러져 엉덩방아 찧어도
웃으며 탈탈 털고 나면 본래 그 자리

본래 그 자리는 항상 변하지 않고 그대로인데
형상에 끌려다녀 웃고 울며 야단법석을 떠니
하늘이 내려다보고 빙그레 미소 지으며
허공처럼 살라 하네, 바람처럼 살라 하네.

청정심

바람의 입김에 떨어진 꽃잎 하나
물결에 의지하고 흘러만 간다
색수상행식(色受想行識)의 오온(五蘊)의
인연 화합으로 이루어진 나는
인연(因緣)에 의지해 살아간다

텅텅 비어 있는 허공은
아무것도 담지 않았기에
수만 가지 형상을 담을 수 있고
일렁이는 바닷물은
분별심을 다 내려놓았기에
넓은 바다를 만들 수 있다

추구하는 마음 내려놓고
어디에도 매이지 않는다면
본래 청정한 마음은 저절로 드러나리라

본래 갖추어져 있어 부족할 게 없고
본래 밝아있어 어두울 게 없는데
어디 가서 청정심 찾는단 말인가?

푸른 도토리

회오리바람에 푸른 도토리 하나
발밑으로 또르르 굴러떨어진다

가야 할 길은 아직도 까마득한데
일찍 생을 마감한 그가 안타까워 토닥여 주었더니
빙그레 웃으며 속마음을 열어 보인다

햇살과 눈 마주치며 소곤대고 싶었고
산새들의 노랫소리에 장단 맞추어
춤을 추고도 싶었던 작은 소망을
회오리바람이 앗아가 버렸으니…

그러나 그는 슬픔도 원망도
흐르는 시간의 인연 속에 묻어 버리고
오고 감에 걸림이 없는 수도승처럼
마음을 텅 비우고 눈을 감는다

땅 엄마는 사랑으로 그를 품어 안으며
또다시 태어날 때까지 등 토닥여 준다.

해와 달

해는 말없이 세상을 다 비추어 준다
분별하지 않고 일체를 비추며
말없이 생명들을 키워내지만
우쭐대거나 거만하지도 않다

달 또한 세상 만물을 비추어 준다
어둠 속에서 헤매는 자에게 등불이 되어주고
일에 지친 자들에게 휴식을 안겨주지만
뽐내거나 자랑하지 않고 침묵만 지킨다

해와 달은 천차만별로 벌어지는 만물 만생을
가만히 비춰줄 뿐 분별하거나 시비하지 않는다

해와 달은 각각 다른 모습이지만
서로를 비교하지 않으며
주어진 일에 최선을 다할 뿐,
바라는 마음 없이 평온함을 유지하기에
모두에게 사랑을 받는다.

저절로 끌리는 발길

제주도 서귀포 약천사*에 가면
저절로 발길이 끌리는 곳이 있다
동양 최대 대적광전이 있는 법당도 뒤로하고
십이만 평의 널따란 정원 구경도 마다한 채
왜, 맨 먼저 그곳에 발길이 저절로 끌릴까?

위엄이 도사리고 있는 오백나한전 문을 여니
각양각색의 얼굴들이 화사한 얼굴로 반긴다

중앙에 석가모니 부처가 주인처럼 정좌하고
사방에 삼단 이단으로 자리잡고 앉아 있는 오백 나한들
모습도 가지가지, 표정도 가지가지만
어느 것 하나, 똑같은 모습은 하나도 없어
천차만별로 벌어지는 우리네 얼굴 같다

한결같이 자비심을 품어내는 자유인의 모습이다
깨달은 자만이 풍길 수 있는 자화상
그 표정이 보고파, 너무 보고파
그 표정이 닮고파, 너무 닮고파
발길이 저절로 끌려가나 보다.

* 약천사 : 혜인 스님께서 창건하심

찰나의 연속

모든 일상은 찰나의 연속이고
찰나는 흘러갈 뿐이다

웃고 우는 일도 잠시 머물다 흘러가고
예쁜 그림을 그려가는 뭉게구름도
잠시 머물다 흘러가고
방실거리던 어린아이도
찰나가 흐르면 백발노인이 되고
모든 것은 물 흐르듯이 흘러갈 뿐이다

다만 머무는 시간이 길고 짧음이 있을 뿐인데
그것이 다인 것처럼 착각하고
울며불며 살아가고 있으니 어찌할까나

꿈에서 깨지 않으면 꿈속이 실제인 줄 알고 허우적거리듯
고정됨이 없는 현상계도 시간이 흐른 뒤에야 꿈과 같다 한다

파도는 물 위에서 출렁거리면서도
바다가 자기인 줄 모르고 찾아 헤매니
등에 업은 아기 찾는 것과 무엇이 다르랴.

천사의 걸음걸이

어린 천사가 아장아장 걸어온다
뒤뚱뒤뚱 넘어질 듯 말 듯 걸어오지만
걱정 근심은 찾아볼 수 없다
오직 지금, 이 자리가 즐거울 뿐이다

초롱초롱한 눈동자는 샛별 같고
해맑은 표정은 맑은 호수 같아
순수함이 저절로 드러난다
그 속에 내 마음 퐁당 넣어
어릴 적 동심으로 돌아가고 싶다

생각이 사라진 자리, 분별심이 사라진 자리
그래서 아기의 표정을 천사라 했던가
그래서 깨달은 자의 표정이 햇살 같다고 했던가
아가의 표정에서 깨달은 자의 모습이 보인다
순수 의식 속에서 부처의 모습이 보인다
망념이 사라진 자리에서 대자유가 보인다.

집착

나무야, 나무야 상수리나무야
이젠 그만 마른 잎새 놓아 주어라

그리움일랑
바람의 날개 위에 놓아버리고
못다 한 사랑일랑
허공에 날려 버려라

함께 한 추억일랑
흐르는 시간 위에 얹어 버리고
못다 한 이야기들도
흐르는 강물에 띄워 버려라
그래서 모든 걸 훨훨 털어 버려라

만남이 있었기에
이별이 있고
이별이 있었기에
만남이 있단다.

천(千) 강의 달은 하나

어두움을 몰아내기 위해
달님이 환한 얼굴 내민다
햇볕을 잃어버린 어두운 얼굴들이
손뼉을 치며 반긴다

달님은 거북이보다 더 느린 걸음으로
한 발짝, 한 발짝 떼어놓으며
세상을 훤하게 비추어 준다

만물이 제각각 손 흔들어도
천 개의 강이 제각각 얼굴 내밀어도
분별하지 않고 있는 그대로를 비춘다

천 개의 강이 하나의 달에 의지해서 비치듯
하나의 달이 만 가지를 비추듯
우리의 생활도 본래 성품 하나에 의지해서
만 가지 생각을 들이고 내며 살아간다.

첫눈

첫눈이 하얗게 내렸어요
세상을 하얗게 물들였어요
마음도 하얗게 물들었어요

하얀 세상 속에 피어난 하얀 마음들
하얀 마음들 엮어서 주렁주렁 매달아
하얀 세상을 만들고 싶어요

발아래 뽀드득거리는 눈의 하얀 웃음소리
눈송이 뭉쳐서 눈사람 만드는 아이의 하얀 마음
하얗게, 하얗게 굴러가는 세상이었으면 좋겠어요

앙상한 나무에 몽실몽실 피어나는 목화송이
이불과 솜옷 만들어 추위를 이겨내던 추억
목화송이 따다가 엄마 손에 쥐여주고 싶어요

우리네 본래 성품도 하얗게 드러나 있는데
탐욕과 성냄, 어리석음에 가려 어두워졌으니
드리워진 삼독심만 여의면, 본래 하얀 마음 그대로예요.

한마음의 조화

등산길에 돌이 하나둘 모여 성을 쌓았다
오며 가며 하나씩 얹어놓은 돌이 쌓여 키를 키웠다

"티끌 모아 태산"이라는 속담과 같이
강줄기가 하나둘 모여 바다를 이루듯이
한마음으로 뭉친 오묘한 조화가 허공을 맴돌며
보는 이의 가슴에 화합을 안겨준다

하나의 힘이 뭉치면 커다란 에너지가 되듯이
한 생각 긍정의 힘이 전달되어 퍼져나가면
세상은 온통 환하게 밝아지리라

너와 내가 합쳐서 우리가 되고
우리가 모여 한마음이 되면
세상에 부러울 것 하나도 없으리

이러한 한마음의 조화는
세상에서 가장 아름다운
한마음의 꽃을 피워
다툼이 없는 평화의 깃발을
드높이 펄럭이리라.

만불산 아미타불

하늘 드높이 우뚝 솟은 만불산 아미타불
푸르른 하늘 등에 업고 자비의 미소 머금으셨네
우러러본 마음에 부처의 가르침 심어주고
어서 빨리 중생의 길에서 벗어나라 하네

부처 되겠다고 찾아 헤매지 말고
가장 가까운 곳에서 찾으라 하네
부처의 형상이 내 형상이요
부처의 마음이 내 마음이니
둘이 아님을 깨달으라 하네

내가 있는 곳이 법당이며
내 마음이 부처인데
또 다른 곳에서 찾지 말라 하네

내가 전지전능한 창조주며
영원한 광명의 빛인데
무엇을 더 바라겠냐고 하네

모든 것을 들이고 내는 이것,
밖에서 찾아 헤매지 말고
본래 갖추어져 있는 이것을 알아차리라 하네.

좁은 돌문

여수 돌산읍 향일암에 가면
마음을 시원하게 씻어주는
바다를 내려다볼 수 있어
답답한 가슴이 뻥 뚫린다

한국의 4대 관음 성지로 유명하지만
더욱 유명한 것은 해탈문이다

집채만 한 바위가 양옆으로 마주보고 서서
공손히 합장한 손이 좁다란 길을 만들었다
겨우 한 사람 통과할 수 있는 돌 터널 만들어 놓고
그곳을 통과해야만 해탈할 수 있다고 엄포를 놓는다

모든 중생은 탐진치(貪瞋癡)에서 고통이 생기고
분별심에서 너와 내가 벌어지니
모든 번뇌(煩惱), 망상(妄想) 내려놓고
텅 빈 마음으로 지나가라고 돌들이 속삭여 준다

오늘도 향일암 파도는 쉴 사이 없이
중생들의 마음을 철썩철썩 두드린다
깨어나라고, 깨어나라고.

나날이 좋은 날

아침에 눈 뜨면 열려있는 세상 속
모든 것을 볼 수 있어 좋고
언제나 신선한 공기 들이마실 수 있어 좋아라

돌아보면 모든 것이 갖추어져 있는데
없는 것을 추구하니 고통이 생기네

세상만사 모든 것이 인연법으로 돌아가는데
이러쿵저러쿵 분별심에 놀아나니
구름이 하늘을 가리고 '나'라고 우쭐대네

본래 갖추어져 있는 세상 속
모든 형상은 변하며 돌아가는데
고정관념으로 집착하고 살아가니
마음에 그림자를 지울 수 없네

감사한 마음으로 바라보고
따뜻한 미소를 보내며
분별심과 생각에 끌려다니지 않고
있는 그대로를 받아들여 알콩달콩 살아가면
나날이 좋은 날이 되리라.

섞여야 아름답다

화단에 꽃이 각양각색으로 어울려야 아름답듯이
우리의 모습도 천차만별로 다양해야 아름답다
그러니 타고난 저마다의 모습에 만족하며 살자

꽃은 스스로 잘 났다고 뽐내지 않으며
스스로 못났다고 탓하지도 않아
있는 그대로 받아들여 행복하다

사람은 대상에 끌려다녀 분별심과 추구심으로
더 잘나기를, 더 잘살기를 바라는 탐욕 때문에
시기와 질투심으로 비교하며 고통을 안고 산다

모든 것은 홀로 살아갈 수 없어
더불어 살아가야 하고 섞여야 아름다운데
왜, '나'라는 아집(我執)을 버리지 못할까

더불어 살아가야 한다는 이치 깨달아
내가 있으므로 상대가 있다는 자존감으로
섞여야 아름다운 꽃처럼 살아봄이 어떨까?

오아시스는 어디에

황량한 사막에서 오아시스를 찾는다는 것은
얼마나 소중한 일일까
갈증 난 목을 축여주는 한 모금의 물은
생명수이기 때문이다

그러나
우리가 찾는 오아시스는
먼 곳에 있는 것이 아니고
찾기 힘든 곳에 있는 것이 아니라

바로 지금, 여기
내가 있는 곳에
따뜻한 미소 하나, 친절한 말 한마디
감사한 마음이 있는 이곳에 있다

이것이 우리가 원하는 오아시스다
먼 곳에 있는 게 아니고 가까이에 있다
이것이 깨달음의 원동력이다.

아름다운 부부

두 마음이 통해서 하나가 되고
두 몸이 하나 되어 살아가는 인연
앞에서 당겨주고 뒤에서 밀어주며
한마음으로 살아가는 인연
서로 의지하며 깨우침으로 살아가는 인연

윤회설에 따르면
오백 생의 인연이 이어져야만
부부 인연으로 맺어진다는 소중한 인연

이렇게 맺어진 아름다운 인연이
숲속에 의자를 나란히 하고 앉아
숲과 하나 되어 명상 중이다

종알대던 산새들도 그들이 부러운 듯
입을 다물고 묵언 중이다

떠나간 뒤에도 다른 사람들 쉬어가라고
두 개의 의자를 나란히 앉혀 놓았다
그들은 모든 사람을 하나로 보는
불이법(不二法)을 깨달은 부처였다.

손톱의 말

오늘도 내 몸에서 초승달이 자란다
열 개의 산등성을 안고 보름달 향해 몸 키운다
아무도 모르게 소리 없이 몸을 키워나간다
일하면 하는 대로, 가만히 있어도 있는 그대로
아무런 간섭도 불평도 하지 않는다

보름달이 되고 싶은 욕망도 내려놓고
한쪽 끝이 싹둑 잘려 나가는 서러움도 내려놓고
마음을 텅텅 비운 채
모든 것을 본래 자리에 맡겨 버리고
순응하며 저절로 살아간다

그는,
무엇인가 가르치려는 듯
나의 가슴에 손을 얹으며
말없이 속삭인다
깨달음에 눈을 떠서 대자유인이 되라 한다.

세월의 강

소리 없이 흐르던 세월의 강 앞에 서서
지나온 세월을 뒤돌아본다

오라고 손짓하지 않아도 소리 없이 다가왔다가
가라고 눈짓하지 않아도 소리 없이 떠나가 버린 세월
돌이켜보면, 잊어버린 인연도 많지만
잊을 수 없는 인연도 많다
모두가 흐르는 세월이 빚어낸 허상일 뿐
아무것도 손에 잡히지 않는 꿈이었다

흐르는 세월의 강물 위에 흘러가는 종이배처럼
어디서 왔다가 어디로 가는 줄도 모르면서
이리 부딪치고 저리 부딪치면서
영원히 살아갈 것처럼 착각하고 살았다

모든 것은 내가 뿌려놓은 인연의 나툼인데
대상에 집착하고 분별심에 놀아나
허상을 붙들고 놀아난 어리석음이었다
본래 자리 잃어버린 무명(無明)이었다

이제 와 생각하니
세월의 강은 떠도는 한 점 뜬구름이었다.

生死가 없는 자리

지수화풍(地水火風)의 인연 화합으로 이루어진 몸이
나인 줄 알고 애지중지 여겨 왔었네
어느 날 문득
몸과 마음은 시시때때로 변하는 것이라서
허망하다는 걸 깨달았네

왔던 것은 언젠가는 사라진다는 것을 알면서도
무명(無明)에 눈이 가려 거기에 집착했네

일체를
보게 하고, 듣게 하고, 느끼게 하는 그것이 있는데
그것이 '참나'라는 것을 알아차리지 못했네
그것은 허공과 같아서 붙잡을 수 없지만
生과 死가 없이 여여하게 존재하고 있었네

생사가 없는 자리, 분별을 떠난 자리
영원불멸한 자리, 그 자리가 바탕이 되어
만법이 들고 나며 돌아가고 있으니
알음알이로는 알 수 없어 오직 모를 뿐이지만
분명 존재하고 있다네(眞空妙有)
그것이 모두의 근본 자리인 본래면목이었네.

번갯불

어느 날 문득
번개처럼 스치는 한 생각
'나는 아무것도 할 수 없구나.'
모든 것은 그 자리*에서 하고 있다는 생각

내가 할 수 있는 일은 아무것도 없으니
걱정 근심이 바람처럼 사라지네

일어나는 모든 현상은
그 자리에서 하는 것이기에
이러쿵저러쿵 시비분별할 일 없네

하지만
주어진 일에 순응하며 최선을 다하니
아이러니한 일이로다

말로써 할 수 없는 그 자리
전달하기 위해서는 어쩔 수 없이
말로 전달해야 하니 어찌할까나

그래서 선지식은 손가락을 번쩍 들고
주장자 탁탁 쳤던가?

* 그 자리 : 부처, 하나님, 본래 자리, 참나(이름일 뿐)

삼복(三伏)더위

초복 중복 말복으로 이어지는 삼복더위
찜통더위가 푹푹 찌는 가마솥의 열기로
불기둥을 만들며 흔들거린다

길을 걸으면,
주르륵주르륵 땀방울은 빗물 되어 흐르고
이글거리는 태양의 입김에
대지는 더위에 못 살겠다고 열기를 품어대며 아우성치니
삼복더위의 위세는 하늘 높은 줄 모르고 껑충댄다

순간,
용광로에서 철을 녹이는 노동자들이 눈앞에 아른거린다
몇천 도의 뜨거움도 마다치 않고 가족과 나라 위해
헌신하는 그들에게 고개가 숙여진다

시간은 멈추지 않고 물 흐르듯이 흘러가
고정됨이 없는 변화를 몰고 오는데
비좁은 내 마음은 호들갑을 떨며 야단법석이다
언제쯤 집착 없는 마음 벗어나 바다 같은 마음으로
오고 감에 걸림 없이 살아갈 수 있을까?

가을 엽서

창밖에 산이, 옷 갈아입는 걸 보며
나도 시나브로
단풍이 들어가고 있음을 알아차린다
바라보면, 본래 모습 그대로인 것 같은데
보름달이 초승달로 변해 가듯이
초침은 세월을 야금야금 갉아먹고 있다

무심히 시선을 방안으로 돌려
책상 앞에 앉아 있는 거울을 바라보니
어느새 하얀 단풍이 먼저 와 웃고 있다

비는 오고 싶지 않아도 내리듯이
나는 태어나고 싶지 않아도 태어났고
계절은 변하고 싶지 않아도 변하듯이
나는 변하고 싶지 않아도 변해야 하고
또한 죽고 싶지 않아도 죽어야 하니
이것이 우리네 인생사다

다만, 주어진 일에 최선 다하며
결과에 매이지 않고, 인연 따라 저절로 굴러가리라.

길 위에서

조용한 시간이면 찾는 산책길
정해진 시간도 없이
어디에 걸림도 없이
한 걸음 한 걸음 천천히 발길 옮긴다
적막한 산책로는 나만을 위해
열려있는 것처럼 조용히 가슴 열어준다

일어나는 생각들 정리하며
사색의 늪으로 빠져들어 가는데
소리 없이 들리는 自性佛의 목소리

우리는 이미 깨달아 있고
천지를 비출 수 있는 광명이 본래 갖추어져 있는데
추구심과 분별심, 아상(我相)이 가로막고 있다고 한다

모든 것은 고정됨이 없으니, 걸림 없이 살라 한다
텅 빈 마음으로 살라 한다
생각과 분별심으로 본래 있는 부처를 가리고 있으니
그것만 걷어내면 자유인이란다.

강물은 말하지 않는다

강물은 열린 길을 유유히 흘러만 간다
가다가 장애물을 만나도
시비하지 않으며 묵묵히 흘러만 간다
가다가 걸림돌이 길을 막아도
탓하지 않고 빙 둘러서 간다
강가에 꽃들이 웃음 지으며 유혹해도
미소만 보낼 뿐, 제 갈 길을 간다

마음을 텅텅 비웠기에 아무런 저항 없이
모든 걸 받아들이며 흘러만 간다
일어났다 사라지는 인연에 순응하며
인연 따라 말없이 흘러만 간다

열린 길은 우리들의 본래면목처럼
변함없이 길 열어줄 뿐
간섭하거나 시비하지 않고
있는 그대로를 받아들인다.

어울림 한마당

푸르름을 가득 안고 하늘을 우러른 소나무
변함없는 그의 마음 닮고 싶어 바라보는데
누군가가 내 시선을 끌어내린다

위로만 보지 말고,
아래도 보고 옆에도 보라 한다
초등학교 선생님 훈시 같아서
살포시 웃으며 주위를 살폈다

키가 작은 맹감나무
소나무를 받들고 서 있는 벚나무 등
서로 킬킬대고 독특한 멋을 자랑한다

서로 바라보며 옹기종기 모여 앉아
형제처럼 자매처럼 서로 사랑하고
위로해 주며 행복을 노래한다

혼자만으로는 이룰 수 없는,
더불어 살아야만 이루어지는 아름다운 조화
共体, 共生, 共用, 共食의 중요성을
조용히 일깨워 주며 모두가 하나라고 하하하 웃는다.

제3부

자연이 빚어낸 보물

자연이 빚어낸 보물

하늘이 만들었을까?
땅이 만들었을까?
神仙이 만들어 놓았을까?

신비하고 감동을 자아내는 대한민국 지도
삼면이 흐르는 강물 위에 떠 있고
들쭉날쭉한 땅들도 정교하게 만들어져 있다

강원도 영월 선암 마을 땅에 천사가 내려와
한반도 지형을 그림 그리듯이 그려놓았나 보다

주차장에서 꼬불꼬불 산책길 걸어가면
산 위에서 내려다볼 수 있고
강물 위에 배를 띄워 노 저으면
가까이서 볼 수 있는 천하제일의 명물
대한민국의 지도가 살아서 꿈틀거린다

자연의 신비함에
눈에서는 서광이 번쩍거리고
입에서는 감탄이 저절로 튀어나오며
가슴은 신비함에 울렁거려 파도를 탄다.

마지막 안녕

나는 어디서 왔다가
어디로 가는 것도 모르면서
몸과 마음이 나인 것처럼 집착하며 살았네

태어나고 싶어서 태어난 것도 아니고
죽고 싶어서 죽는 것도 아닌 우리네 인생

모든 현상은 조건 따라 일어날 뿐이고
인연 따라 일어났다가 인연 따라 사라지니
내 마음대로 할 수 없는 것이 우리네 인생

地 水 火 風의 인연 화합으로 이루어진 몸
지수화풍의 인연이 다하면
저절로 사라지는 우리네 인생

봄 여름 가을 겨울이 저절로 돌아가듯
우리네 인생도 生 老 病 死가 저절로 돌아가니
윤회의 수레바퀴는 어김없이 돌아가네

본래 자리 깨달아
윤회의 수레바퀴에서 벗어나
몸과 마음으로 집착하며 살아온 自我에
그동안 수고했다며 마지막 안녕을 고하리라.

개들의 풍경

꽃동네로 열린 길가에
버려진 듯한 애완견들이 모여 있다
주인이 있는 듯, 없는 듯
그들의 모습이 자유분방하다

지나가는 길손을 보고
눈 부릅뜨고 짖어대는 친구가 있는가 하면
손바닥만 한 귀를 내리깔고
모른 척 명상에 잠긴 친구도 있다
또 어떤 친구는
도가 통한 자유인처럼 무심히 바라만 본다

개라는 모습으로 태어났어도
그들은 제각기 다른 모습으로
그들에게 주어진 길을 걸어간다
생김새 또한 각양각색이어서
보는 이의 얼굴에 미소를 자아낸다

저들도 살아온 업 식이 달라
육도 윤회(六道 輪廻)를 면하지 못하고
저렇게 각각 다른 모습으로 살아가고 있는데
어찌, 인간들의 모습과 무엇이 다르랴.

꽃 아님이 있으랴

세상에서 아름다운 것이 꽃이라는데
목련꽃 장미꽃 백합꽃 등
꽃이라는 이름표를 달지 않는 꽃도 많다

봄의 입김에 살짝 고개를 내민 새싹도 꽃이고
대지 위를 알랑거리는 아지랑이도 꽃이며
초원을 뛰어노는 토끼도 꽃이다

옹달샘에서 보글보글 솟아오르는 물방울도 꽃이고
폭포 위에서 떨어지는 물줄기도 꽃이며
밀물과 썰물을 안고 사는 섬도 꽃이다

바람에 휘날리는 눈송이도 꽃이고
푸른 하늘을 나는 기러기 떼도 꽃이며
오솔길 거니는 연인의 보습도 꽃이다

방실대는 아가의 얼굴이 꽃이고
아가를 품어 안은 엄마의 따사한 미소도 꽃이며
노모를 등에 업고 가는 효자의 모습도 꽃이다

보는 눈이 아름다우면 세상에 꽃 아님이 어디 있으랴.

눈송이로 만들어진 하트

누군가 땅에 떨어뜨린 사랑 한 조각
낙엽 쌓인 산등성에 하트 모양으로 꽃피우더니
눈발이 쏟아지자 눈꽃으로 거듭나네

얼마나 잊을 수 없는 사랑이었기에
얼마나 간직하고 싶은 사랑이었기에
낙엽 위에 떨어졌어도 꽃으로 피어났을까

시간이 흐르고 계절이 바뀌어도
하트 모양으로 새겨진 사랑의 열정은
땅 위에 눈꽃으로 피어나
보는 이의 시선에 설렘을 더하네

아,
하트 모양으로 남긴 뜨거운 사랑도
지울 수 없는 장밋빛 추억도
언젠가는, 흐르는 세월 속에
흔적 없이 사라질 무상한 것을….

허공에 울려 퍼진 한(恨)

산사음악회 무대에서 스님의 목소리가
잔잔한 마음에 파문 일으킨다

마음속에 그려놓은 음표들은
스님의 한을 풀어내고
듣는 마음에 포물선을 그려놓는다

수행자에게도 한이 있으려나?
아직도 지우지 못한 사연이 있단 말인가

모두 태워서 재가 되었으련만
리듬 속에 살아있는 한 맺힌 사연은
아직도 생생히 살아남아서
피를 토하듯 허공 속에서 헤맨다

두어라,
지울 수 없는 한이 남아있더라도
거기에 집착하지 않는다면
뉘라서 시비 분별하겠는가.

낙엽의 자유

잔잔한 바다 위에 낙엽 하나 두둥실 떠간다
동쪽에서 바람이 불면 서쪽으로 흘러가고
서쪽에서 바람이 불면 동쪽으로 흘러갈 뿐
바람에 불평하거나 거부하지 않고 흘러만 간다
가다가 아우라지*가 다가서도 흔들림 없이
이쪽저쪽을 가리지 않고
물결에 내맡기고 흘러만 간다

낮은 자세로 나는 갈매기 한 마리
외롭지 않냐고 말을 걸어오면
바다도, 바람도 다 인드라망*의 일부라서
나와 둘이 아닌데 무엇이 외롭냐고 반문한다

우리네 인생, 저 바다 위에 떠도는 낙엽 같으니
모든 걸 품어 안은 인연에 맡겨 버리고
있은 듯 없는 듯 인연 따라 세월 따라
저절로 흘러감이 어떠하리.

* 아우라지 : 두 갈래 이상의 물이 한데 모이는 물목
* 인드라망 : 산스크리트어로 그물이라는 뜻으로, 불교에서는 끊임없이
　연결되어, 온 세상으로 퍼지는 법의 세계를 말함

단비

가뭄으로 헐떡거리던 대지에 단비가 내린다
갈증에 시달린 흙은 입을 헤 벌리고
벌컥벌컥 물을 들이켜고

바닥을 기어다니던 강물은
몸을 부풀리며 너울너울 춤을 추며
고맙다며 풍년을 노래한다

그런데
갈증으로 타들어 가는 내 마음은
언제쯤 단비가 내리려나

깨달음의 씨앗은 희망을 싣고
사방을 휘둥글리며 단비 찾아보지만
여기저기 점을 찍는 물음표는 안개 속에서 헤맨다

눈치 없는 맑은 하늘은 눈만 말똥거릴 뿐
속 타는 마음을 헤아리지 못해
죄 없이 말라가는 망상만 툭툭 두들겨 본다

근본 자리에는 모든 것이 갖추어져 있는데
분별심과 생각, 망상이 가리고 있다며
단비는 혀를 끌끌 차며 호통을 친다.

동아사 길목에서

바쁜 일상 잠시 내려놓고
깊은 산속에 몸을 담그니
도심 속에 찌든 때, 눈 녹듯이 사라진다
마음은 자유의 날개 달고 훨훨 나르며
즐거움을 콧노래로 흥얼거린다

어머니 품속처럼 아늑한 산등성은
그들만이 간직한 신비를 연출한다
단풍으로 수놓은 산자락은
굽이굽이 펼쳐지는 살아있는 병풍으로
자연만이 그릴 수 있는 걸작품이다

발아래 밟히는 낙엽 하나
먼저 가겠다고 안녕을 고한다
언젠가는 가야 할 우리네도
꽃이 피고 지듯이 왔다가 가는 것을
무엇에 연연하며 허둥댄단 말인가?

행복이 풍덩

"따르릉따르릉…"
등 뒤에서 들리는 아름다운 목소리
자전거에 두 아이를 태우고
비켜 달라는 신호를 보낸다

청바지에 챙모자 쓴 젊은 엄마다
두 형제를 자전거 앞뒤에 태우고
힘차게 페달을 밟고 스쳐간다
고맙다는 손 인사도 빠뜨리지 않는다
아이들이 참 행복해 보인다

가슴 뭉클한 풍경이다
'행복하세요' 하는 인사가 저절로 나온다
빵빵거리는 소음 속에
따르릉 하며 말로 소리 내는
엄마의 다정한 음성이 가슴을 울렸다

오염된 생활 속에서 조금이나마
자연으로 돌아가고 싶은 그의 작은 바람이지만
나에게 커다란 울림으로 다가와
내 마음에 행복이 풍덩 담겼다.

바람이 웃는다

거미줄이 바람을 잡으려고 방방 뛴다
바람은 훙, 콧방귀 뀌며 빠져나간다
늘어진 버들가지가 하하하 웃는다
개구리가 눈 동그랗게 뜨고 호호호 웃는다

눈이 눈을 볼 수 없다고 아우성친다
하늘이 허공을 볼 수 없다고 야단법석이다
해님이 혀를 끌끌 찬다
달님이 빙그레 웃는다

본래 타고난 성품은 변하지 않고
본바탕 그대로인데
생각과 분별심을 내어서 고통을 받으니
어찌할까나, 어찌할까나

지나는 바람 붙잡으려 하지 말고
오는 바람 막으려 하지 말고
순리대로 살라며 바람은 빙그레 웃고
엉덩이 사리살짝 흔들어대며 사라진다.

후회 없는 길

시간은 물 흐르듯이 흘러만 간다
순간순간 머무름 없이 흘러만 간다

아무도 달랠 수 없고
누구도 붙잡을 수 없다

흘러가 버린 시간은 되돌아오지 않는다
영원 속에 묻혀버리고 만다

가버린 시간 붙잡을 수 없듯이
오지 않는 시간 또한 데려올 수 없다

오직, 지금 여기 이것만이 존재할 뿐이다
눈앞에 여기서 만이 모든 것을 할 수 있다
이 순간도 찰나로 말없이 흘러가고 있다

붙잡을 수 없는 찰나의 순간을 어떻게 할 것인가
그물에 걸리지 않는 바람처럼 살아가리라

아무것도 담을 수 없는 허공처럼
텅 빈 마음으로 살아가리라.

흐르는 시간

물처럼 흐르는 시간은 모든 것을 안고 지나간다
붙잡을 수도 머물 수도 없는 시간
그런데도
지나가 버린 과거의 생각 떠올리며 울고 웃고
오지 않는 미래 떠올리며 울고 웃는다

과거는 지나가 버려서 없고
미래는 오지 않아서 없는데
무엇을 붙들고 웃고 우는가
다만,
현재 누리고 있는 한 줄기 빛이 소중하고
현재 숨을 들이쉬고 내쉬는 공기가 소중하다
현존하는 현재의 삶이 소중하다는 것이다

누구에게나 갖추어져 있는 지금, 이 순간
이것이야말로 우리에게 가장 소중한 것이다
여기에서 과거도 미래도 오고 간다
그러나
이 순간마저도 물처럼 흘러가고 있으니
집착할 것은 아무것도 없다.

오세암의 설화

다섯 살의 어린 나이
엄마 품에서 재롱떨며 즐기는 나이
무슨 인연으로 엄마 품을 떠나
삼촌 스님에게 의지해 절에서 살아야만 했을까

그러던 어느 날
의지처인 삼촌마저 길을 떠나버리고
애타는 가슴을 안고 삼촌을 기다렸으나
눈 속에 발이 묶인 삼촌은 돌아오지 못하고
깊은 산사에 홀로 남겨졌으니
얼마나 쓸쓸하고 괴로웠을까?

울음마저 슬픈 덩어리로 눈 속에 묻혀버린
가슴 시리고, 마음 아픈 절망
오직 관세음보살을 부르는 것만이
유일한 안식처였으니…
생각만 해도 가슴 아프고 눈물이 흐른다

그 슬픔 안에 부처의 종자가 본래 심어졌었기에
관세음보살을 엄마처럼 믿고 의지하며 염하여
고통에서 벗어나 해탈할 수 있었으니
믿음은 희망의 등불이며, 공덕의 어머니다.

만물의 영장

머리 위로는 하늘의 기운 받들고
발아래로는 땅의 기운 디디고
중간에 서 있는 물건 하나 있으니
이름하여 만물의 영장이어라

하늘과 땅 품어 안고 우뚝 서 있으니
천상천하 제일이니
이름하여 인간이어라

우주를 품어 안은 소소명명한 기운은
하나가 전체로 돌아가고
전체가 하나로 돌아가니 오묘하여라

찾을 것도 따로 없고
구할 것도 따로 없고
본래 갖추어져 있는
본래면목이 그 안에 있으니
세상의 으뜸이어라.

마음의 파도

잔잔하기만 하던 마음 바다에
한 가닥 파도가 일어난다
지난날 뿌려 놓았던 업(業)을 등에 업고
제법 세차게 몰아칠 기세를 부린다

차분하게 마음 다독여 정신 차리고
정면으로 맞이할 준비를 한다
파도를 만들어 낸 것도 내 마음이요
파도를 치게 하는 것도 내 마음인데
무엇을 탓한단 말인가
모든 것은 마음이 만들어 낸 조작인데
마음 밖에서 무엇을 찾으란 말인가

일렁이는 파도도 바람이 지나가면
잔잔해져 본래 자리로 되돌아오듯
묵묵히 지켜보다 보면
그 또한 조용히 사라지고
본래 자리 되찾으리라.

디딤돌과 걸림돌

길을 가다 보면, 디딤돌과 걸림돌을 만나게 되듯이
세상을 살다 보면, 좋은 일과 나쁜 일을 만나게 된다
그러나 같은 돌이라도
누구에게는 디딤돌이 되고, 누구에게는 걸림돌이 되듯이
일어나는 일이라도
어떻게 생각하느냐에 따라 좋은 일도 되고 나쁜 일도 된다

이것을 걸림돌로 받아들이느냐, 디딤돌로 받아들이느냐는
내 한 생각에 달려 있다
그래서 한 생각이, 만법의 근원이라고 했다

어느 유명한 학자는
인생의 마지막 길목에 서서 자신을 되돌아보며
"나는 얼마나 많은 사람에게 디딤돌이 되었을까?"
하며 눈물 흘렸다고 한다
수많은 학자를 키워 왔고, 사회에 공헌했는데도
하심(下心)하는 그 마음에 고개가 숙여진다

우리는 살아가면서 많은 디딤돌은 못되더라도
적은 걸림돌이라도 되어서는 안 되리라.

마곡사의 징검다리

그는 흐르는 계곡물에 몸을 던지고
징검다리 되어 납작 엎드려 등 내밀며
오가는 발길을 보듬어 안아
건너는 사람들의 수호신이 되어 길을 열어준다

욕망으로 가득한 마음일랑
살랑대는 바람 위에 날려 보내고
청정한 마음으로 건너가라 한다
화나고 어리석은 마음도
흐르는 물 위에 흘려보내라 한다

수많은 사람이 뿌리고 간 사연들도
바람에 날려 보내고
천차만별로 벌어진 각양각색의 얼굴들도
구름 위에 띄워 보내며
그는 무상함을 깨달은 수행자 되어
어디에도 걸림 없는 텅 빈 마음으로
봉사하는 마음으로 묵묵히 소임을 다한다

마주보는 백범 선생의 산책로와 소나무들도
입을 모아 그를 칭찬하며 한마음이 된다.

가장 무서운 바이러스

핵을 만들어 수많은 생명 앗아가고
탐욕으로 지구 온난화시켜 생태계 파괴하고
총 만들어 죄 없는 사람들 살해한다

그러면서도
동물 중에 으뜸이라고 우쭐대고
잘못 사용될 것을 만들어 놓고
발명왕이라고 목소리 높이며
우주의 주인이라고 큰소리친다

어찌하랴,
본래면목 청정하여 티끌 하나 없는데
청정심은 어디 가고 먹구름에 놀아나나
본래 밝아 어두울 것이 없는데
어두운 그림자 만들어 놓고 놀아나는가?

두어라,
바다는 본래 잔잔하여 걸릴 것이 없는데
일어나는 파도가 '나'라고 착각하니
고통과 어둠 속 헤맨다

본래 자리 회복하여 청정심 찾는다면
마음의 평화는 저절로 찾아와
무서운 바이러스도 사라지리라.

산이 울고 있다

자식을 잃은 어미의 마음처럼
산이 피를 토하며 울고 있다

산은 모든 생명을 품어 안고
숲을 자식처럼 사랑하며 살아간다

딱따구리의 집도, 토종벌의 집도
나뭇가지를 산책하며 웃고 살아가며
모든 생명에게 신선한 산소를 공급하니
산은 모든 생명의 보금자리임이 분명하다

나무가 사라지면 숲이 사라지고
숲이 사라지면 산도 사라지고
산이 사라지면 생명들도 사라진다

무분별한 도로 공사에 아수라장이 된 산은
억울하다며 울어대고
욕심으로 배를 채운 채석장과 골프장은
산머리 잘라내고 산허리 무너뜨려
앙상한 뼈를 드러낸 산은 하얀 울음을 터뜨린다

일체가 하나라는 것을 깨닫는다면
산의 울음도 막을 수 있으리.

들꽃처럼

길가에 웃고 있는 들꽃 한 송이
해맑은 웃음으로 세상을 환하게 밝힌다
꾸밈없이 타고난 그대로를 말없이 보여주고
소임을 다하며, 있는 그대로 묵묵히 살아간다

비가 오면 오는 대로
바람이 불면 부는 대로
햇빛이 찾아오면 오는 대로
모든 것을 받아들이며 살아간다

어떠한 경계에도 흔들림 없이
오고 감에 걸림 없이
진리에 순응하며 웃고 살아간다

그저,
세상 빛 보게 되었다는 자존감만으로
타고난 그대로 주어진 대로 만족하며
말없이 품어내는 향기 아름다워라
나도, 저 들꽃처럼 살아가리라.

뒷산 산책로

꼬불꼬불 이어진 산허리에
묵묵히 길을 열어주는 산책로

봄에는 꽃향기 품어내고
여름에는 땀방울 씻어주고
가을에는 단풍잎 깔아주고
겨울에는 눈 이불 덮어 주는 고마운 산책로

수행자에게는 보행길로 다가서고
등산객에게는 등산로로 다가서고
연인들에게는 사랑의 길로 다가선다

수많은 사연, 길 위에 뿌려져도
묵묵히 집어삼키며
세상만사 고정됨이 없음을 일깨워준다

크고 작은 나무들이 나에게 속삭인다
이제는 길 없는 길을 걸어가라 한다
내 길은 내가 만들어 가라 한다
깨달아서 대자유인이 되라 한다.

그렁그렁한 눈망울

순하디 순한 소의 눈망울
금방이라도 눈물이 주르르 흐를 것만 같은
보고 또 봐도 정이 넘쳐흐르는 눈망울
모든 걸 품어 안은 지혜의 눈망울
일체를 하나로 보는 부처의 눈망울
자식을 사랑하는 어버이의 눈망울

세상을 향해 살며시 마음을 열어 보인다

살아서는
무거운 짐 짊어지고, 물건을 나르고
굳은 땅 갈아엎어 곡식을 영글게 하고
아들딸 혼숫감 마련하라고 시장으로 팔려나가더니

죽어서도
살을 도려내어 피 뚝뚝 떨어뜨려 고기로 내어주고
뼈를 도려내어 펄펄 끓는 물에 뛰어들어 사골로 내어주며
몸을 감싸던 가죽 도려내어 북으로 재생되어
둥둥 두드려 스트레스 풀라 한다

아, 이제야 알 것 같다
그 순하디 순한 소의 눈망울 속에
대자비의 보살행이 숨어 있는 숭고한 뜻을.

능소화의 사랑

죽어가는 고목에 꽃이 활짝 피었다

한 아름은 훨씬 넘쳐 보이는 허리둘레에
세월이 할퀴고 간 허리 속은
텅 비어 쓰러질 것만 같고
핏기 잃은 얼굴색은 저승사자가 쓰다듬어
죽음의 그림자가 드리워져 있다

안타까움에 마음을 태우던 능소화가
두 팔 벌려 그를 감싸 안는다

새끼손가락에 사랑의 힘 치렁치렁 엮어가며
주홍빛 꽃망울을 주렁주렁 매달아
시들어 가는 고목에 새 생명을 불어넣는다

죽음의 그림자는 사라지고
주위는 불야성처럼 환하게 밝아져
보는 이의 눈길에 샛별이 반짝인다

바다와 파도가 하나이듯이
허공과 하늘이 둘이 아니듯이
그들은 서로 부둥켜안고 덩실덩실 춤추며
우리는 하나라고 사랑의 목소리를 높인다.

이러쿵저러쿵

사람들은 남에 대해서
이러쿵저러쿵 간섭을 잘도 한다
내 생각이 옳다는 전제를 깔아 놓고
상대의 말에 시비를 건다

상대의 처지에서 보면
내 말이 틀릴 수도 있다
그런데도
아상(我相)을 앞세워 내 주장만 한다

"남의 흉이 하나면, 내 흉은 열 개다."
이러한 교훈도 무시하고
"자기를 바로 봅시다."라는 법문도 무시한 채,
시비 분별에 휩싸여 살아가니
고통은 실타래처럼 엉킨다

내가 없는데
어디에 의지해서 시비 분별한단 말인가
공(空)한 이치 깨달아 자유롭게 살아봄이 어떠할까.

꿈속에 꿈

우리는 꿈속에서 꿈을 꾸며 산다
저녁에 눈을 감으면 펼쳐지는 꿈의 나라
무대에 선 주인공처럼 주어진 일을 잘도 해낸다
시간 가는 줄 모르고 이일 저일 하다가
아침이 되어 눈을 뜨면 허망한 꿈이다

우리는 세상이라는 무대 위에서
내게 주어진 일을 잘도 해낸다
지나고 보면
붙잡을 수도, 되돌릴 수도 없는 꿈만 같은 인생사
그래서 우리는 꿈속에서 꿈을 꾸며 산다

텅 빈 대나무처럼 아무것도 담을 수 없다
그러나
펼쳐진 세상 속 무대는 변하지 않고
오고 감에 걸림 없이 항상 그 자리에 있다
우리들의 근본인 본래면목처럼.

* 부산 내원정사 대나무 숲길에서

깜짝선물

아직은 철부지로만 알았던 여섯 살 손자
그의 머릿속에는 할배*가 앉아 있다

콩알 같은 손으로 색종이 오려서 선물 상자 만들고
콧물 침물 흘려가며 끙끙대서 물어보면
"비밀" 하고 밀어내더니
밤새도록 할머니, 아빠, 엄마에게 줄 사랑의 탑을 쌓았다

아침에 눈 뜨니 웃음꽃 활짝 피워내며 향기 품어낸다
"할머니 선물이에요."
깜짝 놀라 열어보니 세종대왕이 빙긋이 웃음 흘리고
멀리 사라진 줄 알았던 백 원짜리 동전 하나
또르르 구르며 복주머니 되어 하늘에 고한다

개구쟁이로만 알았던 손자의 천사 같은 행동에
고마움과 즐거움은 구름처럼 두둥실 떠오른다

어린이날 선물 받은 답례로 어버이날을 기억하는 기특함
푸르른 5월의 하늘만큼이나 높아만 보인다

손자가 애지중지 여기던 돼지저금통이 입을 헤 벌리고
주인의 예쁜 마음을 안고 덩실덩실 춤을 춘다

만 원의 돈이 복의 종자가 되어 새싹을 틔우고
주렁주렁 열매 맺어 태산 같은 성을 쌓아
그는 기부왕이 되어서 사랑을 뿌리리라.

* 할배 : 할아버지의 사투리

행복이 머무는 곳

산다는 것은 행복하기 위해서다
그 행복은 어디에 있는가
주어진 일에 최선을 다하되
결과에 매이지 않는 것이다

안되면 괴로움이 일어나고
잘되면 기쁨이 일어나지만
그것은 허망한 것이어서
일어난 것은 언젠가는 사라진다

우리는 변화하는 시간 속에 살아야 하기에
영원히 지속되는 일은 없다

그 이치 깨달아
오고 감에 흔들리지 않으며
오는 인연 거절 말고
가는 인연 붙잡지 않으며
모든 것이 무상함을 깨달아
순리대로 살아가며
지금, 여기 그 자리에 행복은 함께한다.

하늘처럼 높은 우정

딩동댕 소리에 현관문을 여니
어린 손녀 친구 명보와 그의 엄마가
활짝 웃는 얼굴로 꽃다발을 안겨준다

"어버이날을 축하합니다."
갑자기 일어난 일에 깜짝 놀라
엉거주춤 꽃다발을 받으며 그들을 껴안았다

아들 가족이 꼭 참석해야 할 학회가 있어
제주도로 떠난 걸 알고 그 자리 쓸쓸할까 봐
예쁜 꽃다발과 선물을 들고 찾아온 것이다

그 마음, 꽃보다 아름다워 꼭 껴안고
고마움과 사랑을 전달한다
손녀들의 우정이, 엄마들의 우정이 축복을 받으리라

안겨준 카네이션과 작약꽃이
싱글벙글 함박웃음을 세상으로 퍼 나르며
모두가 하나라며 사랑의 향기 피워낸다.

숨어버린 산

쓸쓸히 가랑비를 맞고 서 있는 가을 산
안타까이 바라보던 안개가
날개를 펴고 가까이 다가가 그를 감싸 안는다
둘은 연인이 되어 서로 끌어안으며 하나가 되어
허리와 어깨를 어루만지며 사랑을 속삭이다가
하늘 위로 서서히 신혼여행을 떠난다

산의 모습은 안개에 싸여
어디론가 사라져 버리고
오락가락 내리던 가랑비만이
잃어버린 산을 찾아 헤맨다

눈물을 질금질금 흘려가며
애타게 헤매며 찾아보아도
사라져 버린 산은 나타나지 않으니
몽롱한 마음을 가다듬으며
"우리는 어디서 왔다가
어디로 가는 줄도 모른다."라며 중얼대더니
"세상만사 한갓 꿈이었다."라고
소리 없이 흐느낀다.

솔방울 집

길을 걷는데 내 시선을 붙잡은 민들레 한 송이
땅바닥에 고개 떨어뜨린 채 노란 눈물 흘리고 있어
가까이 다가가 안쓰러운 마음에 주위를 살펴보니
길옆에 나뒹굴고 있는 솔방울이 함께하겠다고
윙크하며 손을 내민다

떨어뜨린 민들레 고개 들어 올려
솔방울로 베개를 해주었더니
안도의 숨, 길게 내쉬며 쌩긋 웃는다

행여나 길손들의 발길에 다칠까 봐
솔방울 주위 모아 울타리 만들어 주고
하나 남은 솔방울 베개 밑에 포개어 주었더니
고개 치켜들고 사방을 둘러보며 방실댄다

우연히 바람의 등에 업혀 날아와
강인한 생명력 보여준 그가 한없이 사랑스럽다

그의 소식 궁금해
돌아오던 길에 발길 돌려 솔방울 집을 바라보니
은혜를 갚겠다며, 오가는 길손들에게
노란 웃음 한 아름씩 안겨주는 보살행을 한다.

사랑 바구니

어버이날 선물 받은 카네이션 바구니
활짝 웃는 얼굴들과 미소 머금은 얼굴들이
한 가족이 되어 밀짚 바구니에 앉아
은혜와 사랑을 노래한다

거실 탁자 위에 올려놓고
물을 뿌려주며 사랑을 전달한다

먼저 웃음을 터뜨린 꽃은 사라지고
새파란 봉우리는 입술에 립스틱을 바르고
피고 지고, 지고 피고를 반복하며 뒤를 잇는다

이십여 일이 지난 지금에도
피어있는 꽃 한 송이와 몇 개의 파란 봉우리가
자리를 지키고 있다

오늘도 사랑을 가득 담아 물을 뿌려주며
자식을 돌보는 마음으로
'피고 가라, 피고 가라, 그냥 시들지 말고 피고 가라.'
이 말은 어느새 나의 사랑 노래가 되어버렸다.

극과 극

'앗, 저걸 어떡해'
쌩쌩 달리는 차도 위에
푸른 물체 하나 뚝, 떨어졌다
놀란 그는 눈을 꼭 감아버리고
귀도 꼭 닫아버린 채
죽은 듯이 엎드려 있다

무사하기를 간절히 바라는데
녹색 신호등이 켜졌다
정지된 차도에 번개처럼 뛰어들어
엎드려 있는 그를 꺼내 왔다

인도에 나와 긴 한숨 토해내는 우리는
마주보며 쌩끗 웃는다

텃밭에서 잘려 나와 시장으로 팔려 가는 부추 다발
상인의 허술한 손길로 차도에 떨어져 울먹이는데
바라보는 따뜻한 눈길과 손길 덕분에
바퀴에 깔려 아수라장이 될 위기에서 벗어난다

마주 보는 안도의 눈길 위에 피어나는 안개꽃
부추를 잃어버린 상인의 눈에 내리는 안개비.

제일 듣기 좋은 소리

세상에서 제일 듣기 좋은 소리는 무엇일까?
모래성에 쌓인 모래알보다 더 많은 소리 중에
가슴을 뜨겁게 하는 소리는 무엇일까

남녀노소 누구나 다 부를 수 있는 소리
들으려 하지 않아도 저절로 들리는 흔한 소리
티끌 하나 머물지 않고 먼지 하나 오염되지 않는
수정보다 더 맑은소리

숱한 고통 안겨주어도 아프지 않은 정
내 입에 들어갈 것 마다하며 자식 입에 넣어주는 정
눈에 넣어도 아프지 않다며 사랑을 쏟아붓는 정
너무 가까이 있어서 무심코 넘어가는 정

아장아장 걸어가는 아가의 입에서 튀어나오는 말
뛸 듯이 기뻐하는 승리자 입에서 뿜어내는 말
마지막 안녕을 고하는 입에서 흘러나오는 아쉬운 말

엄마~
엄마~
엄마~

황금 인생

나이를 먹는다는 것은
차츰차츰 성숙된다는 것이리라

새싹이 자라서 숲을 이루듯이
아이가 자라서 어른이 되듯이
세월의 흐름은 모든 것을 변하게 한다

풋사과가 익어서 단맛을 내듯이
나이를 먹는다는 것은,
인생이 익어가는 것이리라

변화의 물결을 긍정으로 돌리면
즐거움은 저절로 일어난다

너와 나를 분별하지 말고
오는 인연 거절 말고, 가는 인연 붙잡지 말고
추구심에 애태우지 말고, 순리대로 살아가며
참나가 누구인지 알아차려, 生死가 없음을 깨달아
대자유를 얻으면, 이것이 황금 인생이다.

마음밭에 피는 꽃
변선심 제2시집

발 행 일	2025년 9월 15일
지 은 이	변선심
발 행 인	李憲錫
발 행 처	오늘의문학사
출판등록	제55호(1993년 6월 23일)
주　　소	대전광역시 동구 대전로 867번길 52(삼성동 한밭오피스텔 401호)
전화번호	(042)624-2980
팩시밀리	(042)628-2983
카　　페	http://cafe.daum.net/gljang(문학사랑 글짱들)
인터넷신문	www.k-artnews.kr(한국예술뉴스)
전자우편	hs2980@daum.net
계좌번호	농협 405-02-100848(이헌석 오늘의문학사)

공 급 처	한국출판협동조합
주문전화	(02)716-5616
팩시밀리	(02)716-2999

ISBN 979-11-6493-397-6
값 10,000원

ⓒ변선심 2025

* 이 책의 판권은 저작권자와 오늘의문학사에 있습니다.
* 이 책은 E-Book(전자책)으로 제작되어 ㈜교보문고에서 판매합니다.
* 잘못 만들어진 책은 구입하신 서점에서 교환해 드립니다.